Género No ficción

I0799117

Pregunta esencial
¿Dónde viven juntos los animales?

Venados en manada

Marisa Cattani

LECTURA COMPLEMENTARIA

Canción de los animales . . . 13

Mira el venado.

Así es su pelo.

Papá venado es grande.
¡Mira sus cuernos!

Le gusta comer hojas.
No come animales.

¡Vamos, venado!
¡Corre! ¡Hay un oso!
¡Te va a comer!

Los papás viven solos.
O en manada.

Las mamás viven con sus bebés.

El bebé tiene motas. Mamá lo pone entre los pastos. ¡Así no lo ven los osos!

Pero mamá está atenta.

Este venado tiene tres años. ¡Ya sale a correr!

Respuesta a la lectura

Volver a contar

Tema principal		
Detalle	Detalle	Detalle

Vuelve a contar *Venados en manada* con tus propias palabras.

Evidencia en el texto

1. Mira la página 5. ¿Qué comen los venados? **Tema principal y detalles clave**

2. Mira la página 6. ¿De quién escapa el venado? ¿Por qué? **Tema principal y detalles clave**

3. ¿Cómo sabes que *Venados en manada* es un texto de no ficción? **Género**

Género **Poesía**

Compara los textos

Lee acerca de lo que hacen algunos animales.

Canción de los animales

Los pajaritos
que van por el aire
vuelan, vuelan,
vuelan, vuelan, vuelan.

Los caballitos
que van por el bosque
trotan, trotan,
trotan, trotan, trotan.

Los conejitos
que van por el campo
saltan, saltan,
saltan, saltan, saltan.

Los pececillos
que van por el agua
nadan, nadan,
nadan, nadan, nadan.

Haz conexiones

¿En qué se parecen los animales del poema a los de *Venados en manada*? **El texto y otros textos**

Enfoque:
Ciencias

Propósito Descubrir cómo y dónde viven los animales

Paso a paso

Paso 1 Piensa en un animal que viva en tu zona.

Paso 2 Haz un póster para mostrar dónde y cómo vive.

Paso 3 Escribe el nombre del animal.

Conclusión Conversa con la clase acerca de tu póster. Comenta lo que muestra.